PRIX : **40** CENTIMES.

NOUVEAU RÉPERTOIRE THÉATRAL

DÉSIR DE FIANCÉE

VAUDEVILLE EN UN ACTE

PAR

M. PAUL SIRAUDIN

THÉATRE DU VAUDEVILLE.

PARIS

JULES DAGNEAU, LIBRAIRE-ÉDITEUR

23, RUE FONTAINE-MOLIÈRE, 23

au premier

1854

DÉSIR DE FIANCÉE

VAUDEVILLE EN UN ACTE

PAR

M. PAUL SIRAUDIN

REPRÉSENTÉ POUR LA PREMIÈRE FOIS, A PARIS, LE 12 MARS 1854.

THÉATRE DU VAUDEVILLE.

PARIS

JULES DAGNEAU, LIBRAIRE-ÉDITEUR

23, RUE FONTAINE-MOLIÈRE, 23

au premier

1854

Distribution de la pièce.

GUSTAVE DE MAULÉON. . . . . MM. Lagrange.

MONSIEUR GIRAUMONT. . . . . . . , . . . Chaumont.

MADAME GIRAUMONT. . . . . Mme Castel.

EULALIE, leur fille. . . . . Mlles Dupuis.

MARGUERITE, bonne de Giraumont. . . . . Clorinde

LUCAS, domestique de Gustave. . . . . . . M. Schey.

S'adresser pour la musique EXACTE de cet ouvrage à M. R. Taranne
15, rue Montmartre.

DÉSIR DE FIANCÉE

VAUDEVILLE EN UN ACTE.

Un appartement, porte au fond, portes à droite et à gauche, tables, fauteuils.

SCÈNE PREMIÈRE.

GUSTAVE, *écrivant.* GIRAUMONT, *son chapeau et sa canne à la main.*

GIRAUMONT.

Ainsi c'est bien entendu... mon gendre... puisque vous vous chargez des lettres d'envoi... aux personnes de notre côté... vous mettrez notre lettre la première, la vôtre ensuite... et aux personnes de votre côté...

GUSTAVE.

Ma lettre... puis la vôtre... c'est entendu.

GIRAUMONT.

Ne vous dérangez pas... Ah ! j'oubliais... l'essentiel... voilà les noms, demeures et qualités de nos parents, amis... et indifférents... Vous avez votre liste ?

GUSTAVE.

Oui.

GIRAUMONT.

Ne vous dérangez... pas... Ah ! dites donc... vous ne voulez pas me faire part de la surprise qui attend madame Giraumont, votre future belle-mère ?

GUSTAVE.

Non... si vous permettez.

GIRAUMONT.

Je permets... cependant j'aurais voulu savoir...

AIR : *Carlin*.

Voyons ! ne confierez-vous pas
Ce secret à votre beau-père ?
A mon épouse, dans ce cas,
Je puis vous jurer de le taire !

GUSTAVE, *se levant*.

Beau-père, je n'en ferai rien.
Cette surprise... excusez ma franchise,
Si je vous la disais...

GIRAUMONT.

Eh bien ?

GUSTAVE.

Ne serait plus une surprise !

(*Il s'assied.*

GIRAUMONT.

C'est juste !... Je serai donc aussi... surpris... c'est différent...
Sans adieu, mon futur gendre, ne vous dérangez pas. (*Il sort
par le fond.*)

GUSTAVE, *seul, écrivant*.

Voyons... à mes parents... à mes camarades... (*Appelant.*)
Lucas !... Pourvu que je n'oublie personne !... Lucas ! Il y a
des gens qui ne vous pardonnent pas de vous être marié sans
leur permission... ou, du moins, sans les avoir prévenus...
Lucas !

SCÈNE II.

LUCAS, GUSTAVE.

LUCAS.

Voilà, Monsieur.

GUSTAVE.

Mais où étiez-vous donc... que vous ne me répondiez pas ?

LUCAS.

Dame... Monsieur, vous avez pris un appartement si grand...
j'étais dans la deuxième chambre à coucher, et...

GUSTAVE.

C'est bon... donnez-moi...

* Lucas, Gustave.

LUCAS.

C'est que je vais vous dire...

GUSTAVE.

C'est bien... Prenez sur ce meuble... mon livre d'adresses... vous savez... (*Il se met à écrire.*)

LUCAS.

Oui, Monsieur. (*A part.*) Je crois que le moment est bien choisi pour lui glisser...

GUSTAVE.

Eh bien !...

LUCAS.

Voilà... (*Il va au meuble et prend l'Almanach des vingt-cinq mille adresses.*) Si, avant de remettre cela à Monsieur.

GUSTAVE.

Donnez donc !

LUCAS.

Si j'osais...

GUSTAVE, *lui arrachant.*

Osez, mais donnez...

LUCAS.

Voilà ce que c'est... Monsieur... vous êtes un si bon maître...

GUSTAVE.

Très-bien... après ?

LUCAS.

Dont... je voudrais suivre les exemples.

GUSTAVE.

Où voulez-vous en venir, monsieur Lucas.

LUCAS.

Dame... Monsieur... vous allez vous marier...

GUSTAVE.

Eh bien ?

LUCAS.

Eh bien... moi aussi... je voudrais me marier !...

GUSTAVE.

Ah !... et quelle est la malheureuse... victime ?...

LUCAS.

La malheureuse victime... ça sera moi... si vous me refusez votre consentement.

GUSTAVE.

N'est-ce que cela ?

LUCAS.

Oh ! ce n'est pas tout... c'est que je désirerais bien que vous preniez à votre service la femme que j'aurai ornée du titre d'épouse... Quand je dis votre service... celui de madame de Mauléon.

GUSTAVE.

Ah ! ah ! c'est autre chose... Ma future... apporte avec elle, sa jeunesse, sa beauté, sa dot et sa femme de chambre.

LUCAS.

Mais, si c'était justement sa femme de chambre que je compte épouser?

GUSTAVE.

Eh bien, alors... pourquoi faire tant d'histoires... tu épouses Marguerite... vous demeurez ici... tous deux... ça n'est pas plus difficile que ça.

LUCAS.

Oh ! merci, Monsieur.

GUSTAVE, *se levant.*

Là... ces lettres imprimées à la poste... celles-ci que je porterai moi-même si je ne trouve pas les personnes... Dieu ! qu'un homme qui se marie est pressé... Lucas ! je sors pour une demi-heure... Si on vient me demander... Où est donc mon chapeau ?... tu n'as pas vu mon chapeau ? ah ! le voilà. (*Il le prend sur la cheminée à droite.*)

LUCAS, *sans se déranger.*

Je vais vous le donner, Monsieur.

GUSTAVE.

Si on vient me demander... Et ma canne ?... tu n'as pas vu ma canne !... ah ! la voilà.

LUCAS, *sans se déranger.*

Je vais vous la donner, Monsieur.

GUSTAVE.

Je sors pour une demi-heure. Si on vient me demander... je vais revenir.

LUCAS.

Oui, Monsieur... ah ! Monsieur.

GUSTAVE.

Quoi, encore !

' Gustave, Lucas.

LUCAS.

On a apporté tout à l'heure... un ameublement complet...
commode, armoire, lit... pour la deuxième chambre du fond.

GUSTAVE.

Ah ! je sais... a-t-on donné la note ?...

LUCAS.

La voici.

GUSTAVE.

Bien... et mets tout en ordre dans l'appartement.

LUCAS.

Oui, Monsieur.

(Gustave sort.)

SCÈNE III.

LUCAS, *seul.*

Ah ! que je suis content... et Marguerite aussi... va-t-elle
être contente... surtout quand elle saura... Je suis seul.. voyons
(*Il va tirer un carton sous un fauteuil et en sort un chapeau.*)
Voilà l'affaire... Marguerite, va-t-elle être heureuse, elle qui
n'a jamais eu que des bonnets... je lui en fais porter des cha ‑
peaux avec des fleurs dessus... c'est une bonne occasion...
En flânant, hier, passage du Saumon, j'ai vu afficher des
chapeaux à 0 fr. 50... je suis entré... je l'ai essayé. (*Il essaye
le chapeau et se mire dans la glace.*) Marguerite est brune...
moi aussi... je suis blond... je l'ai pris à l'air de ma figure...
il me va bien... il lui ira bien...

AIR *de Henri Potier.*

De ce petit chapeau,
Ah ! que ma bien-aimée
Aura l'âme charmée !
C'est un joli cadeau,
Avec ça que Marguerite est tant soit peu coquette
Et que par dessus tout elle aime la toilette.
Comme elle va faire sa tête
Sous ce petit chapeau,
Que son nez en trompette
F'ra bien sous ce chapeau !

Mais du bruit ?... (*Il ôte le chapeau et le met sur un fauteuil et
va voir... par la porte.*) Marguerite... avec une dame... qu'elle
ne voie pas... Oh ! trop tard !

SCÈNE IV.

MARGUERITE, EULALIE, LUCAS.

MARGUERITE.

Entrez, Mademoiselle, n'ayez pas peur...

EULALIE, *apercevant Lucas.*

Ah !

MARGUERITE.

N'ayez pas peur, c'est Lucas.

LUCAS.

Oui, c'est moi.

MARGUERITE.

Le domestique de M. de Mauléon.

EULALIE.

Mon Dieu... pourvu qu'il ne dise pas.

MARGUERITE.

Je vous réponds de sa discrétion... Lucas !

LUCAS.

Mamzelle !

MARGUERITE.

Va-t-en !

LUCAS.

Oui, Mamzelle...

MARGUERITE.

Laisse—moi... j'ai à causer...

LUCAS.

Oui, Mamzelle... (*A part.*) Et le chapeau !...

MARGUERITE.

Et surtout... tu entends... fais bien attention à ne pas dire...
que moi et mademoiselle sommes venues ici.

LUCAS.

Oui, Mademoiselle, je ne dirai pas que vous et mademoiselle sommes venues-z-ici.

MARGUERITE.

Eh bien, va donc... n'entends-tu pas?

* Marguerite, Eulalie, Lucas.
** Eulalie, Marguerite, Lucas.

LUCAS.

Oui, oui... (*A part.*) Pourvu qu'elle ne voie pas le chapeau.

MARGUERITE.

Eh bien ?

LUCAS.

Je m'en vais... je m'en vais...

(*Il sort en regardant avec inquiétude le chapeau laissé sur un fauteuil à gauche.*)

SCÈNE V.

MARGUERITE, EULALIE.

EULALIE.

Marguerite... je crois que j'ai eu tort de venir ici.

MARGUERITE.

Dame ! c'est vous qui l'avez voulu.

EULALIE.

Si nous nous en allions ?

MARGUERITE.

Comme vous le désirerez.

EULALIE.

Cependant...

MARGUERITE.

Cependant.... vous vous dites... autant rester... puisque l'imprudence est commise.

EULALIE.

Oh ! oui... imprudence... pourvu que M. de Mauléon ne rentre pas.

MARGUERITE.

Soyez donc tranquille... nous venons de le voir... passer en voiture... sans qu'il nous ait aperçues...

EULALIE.

Et c'est ce qui m'a donné l'idée que je nourrissais depuis longtemps d'aller visiter l'appartement de mon futur...N'est-ce pas... que ce n'est pas une faute, Marguerite, de désirer connaître la demeure où l'on doit se rendre quand on quitte la maison de son père ?... Car, enfin, avant quinze jours...

* Eulalie, Marguerite.

cet appartement sera le mien... et n'est-il pas naturel que je
sache un peu à l'avance comment il est ?

MARGUERITE.

Vous avez raison, Mamzelle...

Air du Partage de la richesse.

> Puisqu'on dit que le mariage
> Est un esclavage, un lien,
> Qu'on dit mêm' que c'est une cage
> Où l'on se trouv' souvent plus mal que bien ;
> Quand vot' futur est un jeune homme sage,
> Qui vous convient, selon votre désir,
> Vous vouliez savoir si la cage,
> Devait aussi vous convenir.

Mais je ne comprends pas que vous n'ayez pas fait part de
votre désir... à madame Giraumont... votre mère.

EULALIE.

Oh ! maman !... quand j'ai voulu lui en parler une fois...
j'ai vu l'instant où elle allait se fâcher... Fi, m'a-t-elle dit,
est-ce qu'une jeune fille bien élevée doit mettre les pieds dans
un appartement de garçon ? — Mais, maman, ce n'est pas un
garçon, c'est un futur. — N'importe... Mademoiselle... Et je
n'ai plus osé lui en reparler.

MARGUERITE.

Mais votre père ?

EULALIE.

Oh ! mon père n'aurait pas mieux demandé... mais il aurait prévenu maman et...

MARGUERITE.

Et... vous avez préféré... vous passer de leur permission à
tous deux ?.. Eh bien !.. voyez ! ceci est le salon de monsieur
Gustave... là, l'antichambre, la salle à manger... que nous
avons traversés.

(Pendant ce temps, Eulalie regarde l'ameublement.)

LUCAS, entrant vivement.

Voilà du monde... qui vient ici...

EULALIE.

M. Gustave ?

LUCAS.

Non... une dame... (A part.) Le chapeau est encore là... elle
ne l'a pas vu !

EULALIE.

Une dame !
(*On entend la voix de madame Giraumont dans la coulisse :* Eh
bien, personne ?)

MARGUERITE.

Ciel !

ÉULALIE.

C'est maman !

MARGUERITE.

Par où fuir ?

EULALIE.

Mon Dieu !

LUCAS.

Tenez, prenez par ici... la cuisine est là au bout... l'escalier
de service... et vous êtes dehors.

(*Il les pousse à gauche.*)

MARGUERITE.

Merci !

(*Elles sortent au moment où entre madame Giraumont.*

LUCAS.

Il était temps !
(*Dans sa précipitation, il renverse une chaise et trébuche dessus.*)

SCÈNE VI.

MADAME GIRAUMONT, LUCAS.

MADAME GIRAUMONT.

Eh bien, voilà un logement bien gardé... Qu'est-ce que
vous faisiez donc là ?

LUCAS.

Je rangeais.

MADAME GIRAUM ONT.

Vous rangiez... vous avez drôlement l'air de ranger encore..

LUCAS.

Mais, Madame !

MADAME GIRAUMONT.

J'aime à croire que vous ne resterez pas ici... quand votre maître sera marié.

LUCAS.

Faites excuse, Madame...

MADAME GIRAUMONT.

Ah ! voyons... voyons ! quelle est cette pièce ?

LUCAS.

C'est le salon... de M. de Mauléon, mais j'aurai l'honneur de demander à Madame.

MADAME GIRAUMONT.

Qui je suis ?... c'est juste... je suis la belle-mère de M. Gustave de Mauléon.

LUCAS.

Ah ! Madame, donnez-vous la peine de vous asseoir. (*Il lui présente le fauteuil où est le chapeau.*) Oh !

MADAME GIRAUMONT.

Merci ! (*Regardant.*) Ah ! c'est son salon... Quelle vilaine pendule... M. Richond en a de si jolies sur le boulevard Montmartre, elles sont d'un goût exquis.

LUCAS.

Ah ! oui... un petit nègre avec une pendule dans le ventre.

MADAME GIRAUMONT.

Des tableaux ? pourquoi des tableaux ? quand on a de si charmantes lithographies... *Souvenirs et Regrets... le Chien du régiment... Geneviève de Brabant...*

LUCAS.

Le Juif errant !

MADAME GIRAUMONT.

Les jeunes gens d'aujourd'hui n'ont pas de goût. (*A Lucas.*) Faites-moi voir les autres pièces...

LUCAS.

Oui, Madame.

MADAME GIRAUMONT, *à elle-même.*

Eulalie avait raison de vouloir connaître l'appartement où elle doit passer ses jours... et... seulement... seulement... c'est à moi, moi, la mère qui dois veiller à tout, de remplir ce devoir... c'est plus décent.

* Lucas, madame Giraumont.

LUCAS.

Quand Madame voudra.

MADAME GIRAUMONT.

Quand je voudrai... quand je voudrai... je le sais bien...
Vous me voyez là occupée à me parler à moi-même... allons,
voyons !

(*Au moment où elle va pour passer dans la pièce gauche.*)

LUCAS, *l'arrêtant.*

C'est inutile, Madame, c'est la cuisine.

MADAME GIRAUMONT.

Eh bien, je veux voir la cuisine...

(*Elle entre à gauche.*)

LUCAS.

Pourvu qu'elles soient parties... Oh ! et mon chapeau ?.. je
vais le remettre dans son carton. (*Au moment où il va le mettre,
madame Giraumont rentre.*) Là voilà, (*Il met le chapeau der-
rière lui.*)

MADAME GIRAUMONT.

Eh bien, vous êtes encore un joli domestique...

LUCAS.

Mais...

MADAME GIRAUMONT.

Bien rangé... bien soigneux... Je viens de trouver la porte
de service... tout ouverte.

LUCAS.

Ce sont ces dam... (*S'arrêtant.*)

MADAME GIRAUMONT.

Hein ?

LUCAS.

Rien, Madame.

MADAME GIRAUMONT, *à part.*

Ce garçon a un drôle d'air. (*Haut.*) Voyons... faites-moi voir
les chambres.

LUCAS, *tenant toujours le chapeau.*

Voici !

MADAME GIRAUMONT.

Passez devant... allons !

LUCAS.

Si Madame le veut. (*Il passe devant, mais il tourne si mal-
adroitement le chapeau, que madame Giraumont l'aperçoit.*)

MADAME GIRAUMONT.

Hein... arrêtez donc... Qu'est-ce que vous tenez donc dans votre main.

LUCAS.

Laquelle ?

MADAME GIRAUMONT.

La droite.

LUCAS, *présentant la main droite.*

Je n'ai rien.

MADAME GIRAUMONT.

La gauche ?

LUCAS, *même jeu.*

Voilà.

MADAME GIRAUMONT.

Les deux mains ?

LUCAS, *qui a fourré le chapeau sous sa veste.*

Les voici.

MADAME GIRAUMONT.

Tournez-vous donc !

LUCAS, *se tournant.*

Je vais être pincé.

MADAME GIRAUMONT, *prenant e chapeau.*

Qu'est-ce que c'est que ça ?

LUCAS.

Je suis pincé.

MADAME GIRAUMONT.

Un chapeau ! un chapeau de femme !

LUCAS.

Madame, je vais vous dire !...

MADAME GIRAUMONT.

Chez mon gendre, quinze jours avant de se marier... et un chapeau pareil... il ne dira pas que c'est pour sa future... Il a l'air de sortir du Temple.

LUCAS.

Du Temple !...

MADAME GIRAUMONT.

Oh ! vous servez les intrigues de votre maître,

LUCAS.

Je vais vous expliquer...

' Madame Giraumont, Lucas.

MADAME GIRAUMONT, *marchant avec la plus grande agitation; elle est suivie par Lucas.*

Pas un mot... ah ! oui, j'ai bien fait de venir ici... et je veux voir... sans doute d'autres indices.

LUCAS.

Mais si vous vouliez...

MADAME GIRAUMONT.

Laissez-moi... je veux visiter... toute seule cet apparte- ment... un chapeau. (*Elle le froisse.*)

LUCAS.

Mais elle l'abîme !

MADAME GIRAUMONT.

Laissez-moi.

(*Elle entre a gauche.*)

SCÈNE VII.

LUCAS, *puis* GUSTAVE.

LUCAS.

Eh bien... mais elle l'arrange bien... le chapeau de Mar- guerite. 6 fr. 50 de perdus !

GUSTAVE, *entrant.*

Dieu ! qu'un homme qui se marie est pressé... Ah ! Lucas. . te voilà... est-il venu quelqu'un ?

LUCAS.

Oui, Monsieur, c'est-à-dire non... Ah ! si... madame Girau- mont... Elle est venue... je dirai même plus... elle m'a assez contrarié... et à l'heure qu'il est... elle le tapote... elle cogne dessus... elle lui flanque des ramplans... Ah ! mes 6 fr. 50.

GUSTAVE.

Ah çà ! voyons... qu'est-ce que tu marmottes : ma belle-mère est venue... que t'a-t-elle dit pour moi?

LUCAS.

Rien... ah !... si... si... non... elle ne m'a rien dit... mais elle est ici... vous pouvez la voir.

GUSTAVE.

Comment... elle est ici... et tu ne me le dis pas... imbécille que tu es.

' Lucas, Gustave.

LUCAS.

Je ne vous le dis pas... imbécille que tu es... parceque...
Eh! tenez...

SCÈNE VIII.

LES PRÉCÉDENTS, MADAME GIRAUMONT.

MADAME GIRAUMONT, *entrant furieuse le chapeau à la main.*

C'est une horreur!... ça ne s'est jamais vu.

GUSTAVE.

Qu'est-ce donc, chère belle-mère...

MADAME GIRAUMONT.

Ah! bien... j'en ai vu de belles... je suis édifiée sur votre
compte.

GUSTAVE.

Mais, Madame...

MADAME GIRAUMONT.

Monsieur, ne me reparlez jamais.

GUSTAVE.

Que voulez-vous dire?

MADAME GIRAUMONT.

Fi! fi! tromper ainsi une famille... Et j'allais vous donner
ma fille... mon Eulalie... Arrière!

GUSTAVE.

Mais je ne comprends rien.

MADAME GIRAUMONT.

Pas un mot de plus... Tenez, voilà mes derniers adieux.
(*Elle lui jette au nez le chapeau qu'elle tient toujours à la main.*)

GUSTAVE.

Ce chapeau?

MADAME GIRAUMONT.

A la veille de se marier... avoir des intrigues... avec de
pareils chapeaux... et sans compter ce que j'ai vu dans vos
appartements... Ah! pouah! fi! fi!

* Lucas, madame Giraumont, Gustave.

ENSEMBLE.

AIR *de la Corde sensible.*

MADAME GIRAUMONT.

Je suis tremblante de colère,
En fureur je quitte ces lieux,
Éloignez-vous... arrière... arrière,
Votre aspect me fait mal aux yeux.

GUSTAVE.

Mon Dieu! pourquoi tant de colère,
Pourquoi quitter ainsi ces lieux,
Qu'ai-je fait à ma belle-mère,
Pourquoi cet air si furieux ?

(Madame Giraumont sort furieuse par la porte à gauche.)

SCÈNE IX.

GUSTAVE, LUCAS.

GUSTAVE.

Qu'est-ce que cela veut dire ?

LUCAS.

Je n'y comprends rien.

GUSTAVE.

Quel est ce chapeau ?

LUCAS.

Je vais vous expliquer...

GUSTAVE.

Et qu'y a-t-il... par là... qui ait pu la fâcher si fort? Lucas !

LUCAS.

Monsieur...

GUSTAVE.

Explique-moi la présence de ce chapeau... d'abord.

LUCAS.

Voilà ce que c'est... Une surprise.

* Gustave, Lucas.

GUSTAVE.

Une surprise... Voyons, continue.

LUCAS.

Ah ! mon Dieu... c'est bien simple... Drôle de femme... que votre belle-mère...

GUSTAVE.

Je ne te demande pas ton avis sur ma belle-mère.

LUCAS.

Imaginez-vous, Monsieur... heureusement que ce n'est pas elle... que vous épousez... que c'est sa fille.

GUSTAVE.

Auras-tu bientôt fini?...

LUCAS.

Je commence... je disais donc !...

SCÈNE X.

LES PRÉCÉDENTS, EULALIE, GIRAUMONT.

GIRAUMONT, *donnant le bras à Eulalie.*

Allons, Eulalie... viens... ma fille...

EULALIE.

Mon père...

GUSTAVE.

Ah ! monsieur Giraumont...

GIRAUMONT.

Mon cher Gustave... J'ai dû condescendre à un désir de mon Eulalie.

EULALIE.

Mon père...

GIRAUMONT.

Laisse-moi donc expliquer... Mais à propos... où donc est madame Giraumont? Je la croyais ici.

GUSTAVE.

Elle vient de partir... et...

GIRAUMONT.

Elle n'y est pas... Eh bien, tant mieux... car elle gronderait peut-être... J'ai pris sur moi...

' Gustave, Giraumont, Eulalie, Lucas.

EULALIE.

Mais, mon père, il est inutile de dire à M. de Mauléon...

GIRAUMONT.

Désir de fiancée... Eh mon Dieu !... quoi de plus simple...
seulement, je suis bien aise que ma femme ne soit pas là...
Vous savez... elle est bonne enfant, ma femme... mais elle a
les idées un peu bourgeoises... un rien l'effarouche... les
convenances par-ci... la décence par-là... Je reprends :
comme l'a dit un poëte :

> Désir de fille est un feu qui dévore.

Moi j'ajoute :

> Désir de fiancée est cent foit pis encore.

Il est de moi, ce vers là !...

GUSTAVE.

J'avoue que je ne comprends pas...

GIRAUMONT.

Eh! mon gendre... un mot suffira... et ce mot le voilà

SCÈNE XI.

LES PRÉCÉDENTS, MADAME GIRAUMONT.

MADAME GIRAUMONT, *criant à la cantonade.*

Ils sont ici!

GIRAUMONT.

Allons... bon... la voix de mon épouse... Eulalie... tu m'as
fait commettre une imprudence...

MADAME GIRAUMONT.

Ici... vous ici?... Marguerite... me l'avait bien dit... mais
je n'osais le croire... ma fille... monsieur Giraumont.

EULALIE.

Ma mère !

GIRAUMONT.

Bichette !

* Gustave, Giraumont, madame Giraumont, Eulalie, Lucas.

MADAME GIRAUMONT.

Monsieur Giraumont... Bichette est mal placé ici... gardez ces noms pour la vie intérieure et domestique ; mais devant des étrangers...

GUSTAVE *et* GIRAUMONT.

Des étrangers !...

GIRAUMONT.

Mon gendre est étranger ?... je l'ignorais !...

MADAME GIRAUMONT.

Oui... des étrangers... j'insiste sur ce mot... Voulez-vous, monsieur Giraumont, savoir à quoi vous en tenir sur les mœurs de M. votre futur gendre... Eh bien ! sachez... (*Elle cherche le chapeau.*)

LUCAS, *à part.*

Heureusement que j'ai rattrapé mon chapeau.

MADAME GIRAUMONT.

Mais où est-il ?... Ah ! (*Allant à Lucas et lui arrachant le chapeau.*)

LUCAS.

Encore ! (*A part.*) Avec tout ça, j'en suis de mon chapeau. (*Il s'en va.*)

EULALIE, GIRAUMONT.

Que veut dire ?

MADAME GIRAUMONT.

Ce chapeau accusateur suffirait seul... à justifier mes opinions défavorables sur le compte de Monsieur, si je n'avais d'autres griefs à articuler contre lui...

GUSTAVE.

Ah ! Madame !

MADAME GIRAUMONT.

Taisez-vous, et suivez-moi, monsieur Giraumont. (*Elle laisse le chapeau sur un fauteuil.*)

EULALIE.

Maman !

MADAME GIRAUMONT.

N'entrez pas, ma fille, n'entrez pas.

GIRAUMONT.

Mais, bobonne.

* Gustave, madame Giraumont, Giraumont, Eulalie, Lucas.

MADAME GIRAUMONT.

Bobonne est déplacée ici... Venez... voyez... et jugez. (*Elle entraîne Giraumont par la droite et laisse Eulalie et Gustave stupéfaits.*)

SCÈNE XII.

GUSTAVE, EULALIE.

GUSTAVE.

Mon Dieu, Mademoiselle, qu'a donc madame votre mère aujourd'hui ?

EULALIE.

Je l'ignore... Monsieur... mais ce qui me désespère, c'est que c'est moi qui suis cause de tout ce qui arrive...

GUSTAVE.

Comment cela ?

EULALIE.

Oui, monsieur Gustave... je dois tout vous dire... C'est ma curiosité...

GUSTAVE.

Vous, curieuse ?...

EULALIE.

C'est un vilain défaut, n'est-ce pas ?... mais je m'en corrigerai.

GUSTAVE.

Voyons, chère enfant, racontez-moi tout.

EULALIE.

Eh ! bien... je brûlais du désir... de venir ici... oui, pardonnez-moi... mais il est bien permis à une jeune fille qui n'a connu jamais que la maison de ses parents de chercher à savoir comment elle se trouvera chez son futur mari...

GUSTAVE.

Vous avez raison !

EULALIE.

Quoi ! vous ne m'en voulez pas ? vous ne m'appelez pas curieuse ?

---

* Gustave, Eulalie.

GUSTAVE.

AIR *de la Robe et les Bottes.*

Oh ! non je ne suis pas sévère,
Et pourquoi me juger ainsi ?

EULALIE.

C'est que sans mon père ou ma mère
J'osais me présenter ici.

GUSTAVE.

Ah ! croyez le, votre présence même,
Je l'appelais de la voix et du cœur :
Partout où vient une femme qu'on aime,
Avec elle y vient le bonheur. (*Bis.*)

EULALIE.

Ah ! Gustave... mais ma mère... elle est furieuse.

GUSTAVE.

Et pourquoi ?

EULALIE.

Le sais-je... et peut-être la rupture de notre union...

GUSTAVE.

Oh! non, il ne sera pas dit...

EULALIE.

Oh ! je connais ma mère... elle est fâchée... bien fâchée...
et je ne sais pourquoi, mais je vois que tout est fini.

GUSTAVE.

Allons, ma chère Eulalie... rassurez-vous... je me sens fort
de ma conscience et de mon amour pour vous.

EULALIE.

Oh!... Gustave... j'ai besoin que vous m'assuriez de votre
affection... car, d'après ce que dit ma mère... elle semble sup-
poser... et je le sens là... si vous ne m'aimiez plus...

GUSTAVE.

Allons, chère amie... ne vous tourmentez pas ainsi. (*En
disant ces derniers mots, il la conduit vers le fauteuil où madame Giraumont a laissé le chapeau.*)

LUCAS, *entr'ouvrant la porte.*

Si je pouvais le rattrapper.

EULALIE, *s'assayant.*

Mais qu'est-ce donc ?... (*Elle se relève vivement.*)

LUCAS.

Bon !... 6 fr. 50 c. de fichus !... (*Il sort.*)

GUSTAVE.

Ah ! ce maudit chapeau...

EULALIE.

Mais en effet... pourquoi ce chapeau ici ?...

GUSTAVE.

Allons bon... vous aussi...

EULALIE.

Comment moi aussi?... Eh bien ! vous êtes poli...

GUSTAVE.

Eulalie...

EULALIE.

Je m'explique maintenant la colère de maman... et elle a
raison... Monsieur... tout doit être fini entre nous.

GUSTAVE.

Mais, écoutez-moi...

EULALIE.

Oh !... me tromper...

DUO.

Air : *Tambour battant.*

GUSTAVE.

Calmez, je vous prie,
Vos transports jaloux !

EULALIE.

Quelle perfidie !
Plus rien entre nous !

GUSTAVE.

Mais quand je vous jure.

EULALIE.

Jurer... c'est fort bien.

GUSTAVE.

Mais je vous assure.

EULALIE.

Je n'écoute rien !

SCÈNE XIII.

LES PRÉCÉDENTS, MONSIEUR *et* MADAME GIRAUMONT.

MADAME GIRAUMONT, *entrant.*

C'est abominable !

GUSTAVE.

A l'autre à présent !

GIRAUMONT.

C'est épouvantable !

EULALIE.

Partons à l'instant.

MADAME GIRAUMONT.

Partons et pour causes,
Je n'ose parler,
J'ai vu là des choses
A faire trembler...

ENSEMBLE.

EULALIE.

Quelle perfidie,
Me tromper ainsi,
Lorsque pour la vie,
J'allais être à lui.

GUSTAVE.

Dieu ! quelle furie !
Qu'ont-ils donc ainsi ?
De quelle infamie
M'accuser ici ?

MONSIEUR ET MADAME GIRAUMONT.

C'est une infamie,
Nous tromper ainsi :
Aussi pour la vie,
Nous sortons d'ici.

GUSTAVE, *après l'ensemble.*

Mais qu'y a-t-il donc ?

* Eulalie, Giraumont, madame Giraumont, Gustave, Lucas.
** Giraumont, Eulalie, madame Giraumont, Gustave.

MADAME GIRAUMONT.

Je vais vous le dire.

EULALIE.

Ah! enfin!

GUSTAVE, *à Eulalie.*

Nous allons savoir...

MADAME GIRAUMONT.

Eulalie, ma fille... éloignez-vous, n'écoutez pas... Une jeune fille ne doit pas savoir.

EULALIE.

Quoi donc?

GIRAUMONT.

Ce qu'elle doit ignorer.

MADAME GIRAUMONT, *à son mari.*

Taisez-vous!

GIRAUMONT, *à sa fille.*

Tais-toi!

MADAME GIRAUMONT, *à Gustave.*

Approchez ici... Monsieur. (*Ils sont tous trois sur le devant du théâtre, Giraumont, madame Giraumont, Gustave. Eulalie est restée au fond.*)

GUSTAVE.

J'attends!

MADAME GIRAUMONT.

Que veut dire ce luxe d'appartements que j'ai aperçu?

GUSTAVE.

Mais...

MADAME GIRAUMONT.

Que signifient... ces deux salons... ces deux chambres à coucher... ces deux lits...

GUSTAVE.

Quoi! c'est cela...

MADAME GIRAUMONT.

Monsieur de Mauléon, voilà trente ans que M. Giraumont... est mon époux. Eh bien... depuis trente ans, pas une fois... une seule fois... entendez-vous?

GIRAUMONT.

Poupoule.

MADAME GIRAUMONT.

Poupoule est déplacé ici... (*Continuant.*) Même les jours de garde!

2

GUSTAVE.

Eh quoi, Madame, c'est à cause de tout cela que vous voulez rompre notre mariage.

MADAME GIRAUMONT.

Il est rompu. (*A Eulalie.*) Eulalie, éloignez-vous.

GUSTAVE.

Non, restez, Mademoiselle. Eh bien, quand vous saurez, ingrate belle-mère, que c'est pour vous, pour votre bonheur... pour ne pas vous éloigner de votre enfant, que sans vous en rien dire... j'ai loué l'appartement contigu au mien, appartement que j'ai fait meubler.

MADAME GIRAUMONT.

Achevez...

GUSTAVE.

Afin... de vous faire une surprise le jour du contrat et de vous dire... quand vous conduiriez votre fille ici... Vous êtes chez vous.

GIRAUMONT.

J'ai deviné, voilà la surprise !...

MADAME GIRAUMONT.

Quoi! ces deux salons... ces deux chambres...

GUSTAVE.

Nos deux ménages.

AIR *de Madame Favart.*

Mon cher beau-père, et vous, Madame,
Voilà ce que je ménageais.
Avais-je tort? non, sur mon âme.
Voyez quels étaient mes projets!
Le lendemain de notre mariage,
Autour de vous pour vous charmer,
Nous ne faisions qu'un en ménage,
Nous étions trois pour vous aimer !

MADAME GIRAUMONT.

Ah ! loulou...

GIRAUMONT.

Loulou... est déplacé...

MADAME GIRAUMONT.

Non !... Ah ! ma fille !... si tu savais... non... ne sache rien.

' Eulalie, Giraumont, Gustave, madame Giraumont,

EULALIE.

Il est possible... que vous soyez satisfaite... mais moi... je ne le suis pas... Et ceci. (*Montrant le chapeau.*)

MADAME GIRAUMONT.

C'est vrai!... Et ce chapeau... cette question là n'est pas éclaircie... (*Elle prend le chapeau.*)

GUSTAVE.

Ma foi! j'avoue ne rien savoir...

MADAME GIRAUMONT.

Mensonge! (*Elle va pour déchirer le chapeau.*)

EULALIE.

Oui... mensonge! (*Elle prend le chapeau et veut le déchirer.*)

GIRAUMONT, *même jeu.*

Mensonge!...

SCÈNE XIV.

LES PRÉCÉDENTS, LUCAS, *puis* **MARGUERITE.**

LUCAS, *prenant le chapeau des mains de Giraumont.*

Arrêtez... ce chapeau est à moi!

TOUS.

A lui!

MADAME GIRAUMONT.

Un chapeau de femme?

LUCAS.

Eh! bien... oui, mais je vais vous donner la clef... c'était pour une femme...

MARGUERITE *entre sur ces derniers mots et lui arrache le chapeau.*

Ah!... on me l'avait bien dit!... La portière vous avait vu entrer au passage du Saumon... chez une marchande de modes.

LUCAS.

La portière m'a vu?

MARGUERITE.

Et au moment de m'épouser... vous entrez chez des marchandes de modes... vous y achetez un chapeau... pour une

---

' Giraumont, madame Giraumont, Eulalie, Gustave.

'* Lucas, Giraumont, madame Giraumont, Eulalie, Gustave.

'** Giraumont, madame Giraumont, Marguerite, Lucas, Eulalie, Gustave.

femme... tenez... voilà le cas que j'en fais... Tenez!... (*Elle l'abîme encore plus que les autres personnages.*)

LUCAS.

Mais vous l'échignez!... mais c'était pour vous!...

MARGUERITE,

Pour moi?

LUCAS.

AIR *de Céline.*

Vous désiriez, du fond de l'âme,
Quoique l' bonnet ne vous aill' pas trop mal,
Un chapeau, comme un' grande dame :
C'était votr' rêve, c'était votre idéal,
Pour une somme peu conséquente,
Je me dis : Donnons lui ce régal ;
Je m' suis fendu d' six francs cinquante,
Pour vous acheter votre idéal.

MARGUERITE, *l'embrassant.*

Ah! Lucas! (*Ils remontent.*)

GUSTAVE.

Vous le voyez... madame Giraumont, vos accusations...

MADAME GIRAUMONT.

J'ai eu tort. (*Elle lui donne la main.*)

GUSTAVE, *à Eulalie.*

Eulalie!

EULALIE, *lui tendant la main.*

Je vous pardonne.

GIRAUMONT.

Nous vous pardonnons, mon gendre.

MARGUERITE, *regardant le chapeau.*

Il est bien abîmé, je ne pourrai pas le porter.

LUCAS.

Je le porterai...

MARGUERITE.

Hein! vous le porterez?...

LUCAS.

Je le porterai au passage du Saumon pour le faire retaper.

GIRAUMONT.

AIR *de Doche.* (Jacquemin.)

N'avons-nous pas tous un désir, un rêve,
J'avais rêvé l'hymen plein de plaisirs,
Un paradis délicieux…
MADAME GIRAUMONT, *l'interrompant.*
Achève.

GIRAUMONT.
Le ciel, bobonne, a comblé mes désirs !
MADAME GIRAUMONT.
Je désirais un mari, doux, docile,
Rempli d'égards, galant, complimenteur,
Peu m'importait qu'il fut un…
GIRAUMONT, *l'interrompant.*
Imbécile !
Qui ne me vois pas dans ce portrait flatteur.
LUCAS.
Mon rêve à moi c'est de porter des bottes.
MARGUERITE.
Moi j' veux avoir un' robe à falbalas.
LUCAS.
Je veux porter des grandes redingotes,
MARGUERITE.
J' te ferai porter tout ce que tu voudras.
EULALIE.
Moi je désire un bravo du parterre.
GUSTAVE, *au public.*
Vous le voyez, nous n'avons plus ici
Qu'un seul désir, c'est celui de vous plaire.
Dites, Messieurs, avons-nous réussi ?

ENSEMBLE.

N'avons-nous pas tous un désir, un rêve,
Dont, en ce monde, on aime à se bercer ?
Le temps s'enfuit ; le lendemain achève
Ce que la veille il fallait commencer !

FIN.

Poissy. — Typographie Arbieu.